NOTICE

sur

LA BRICHE

(INDRE-ET-LOIRE)

PROPRIÉTÉ DE M. J. F. CAIL.

VUE GÉNÉRALE DE LA BRICHE.

EXPOSITION UNIVERSELLE DE 1867.

TERRE
DE LA BRICHE

PROPRIÉTÉ DE M. J. F. CAIL

Lauréat de la prime d'honneur du département d'Indre-et-Loire
en 1864.

PARIS

LIBRAIRIE AGRICOLE DE LA MAISON RUSTIQUE

26, RUE JACOB, 26.

1867

TERRE DE LA BRICHE.

La Briche s'étend sur les communes de Rillé et d'Hommes, canton de Château-la-Vallière (Indre-et-Loire).

Du nord au midi cette propriété a une longueur de six mille mètres (6,000 m.). Sa largeur est de quatre mille mètres (4,000 m.) de l'est à l'ouest.

La superficie de la Briche est de 1,496 hectares, 46 ares, 34 centiares ; elle se divise en huit fermes, savoir :

 1° Bourg-Neuf.
 2° Petit-Bois.
 3° La Parmencelle.
 4° La Briche.
 5° La Guérinerie.
 6° Beauregard.
 7° La Pagerie.
 8° Fresnay.

LÉGENDE DU PLAN EXPOSÉ.

1° BOURG-NEUF.

Nos		hect.	ar.	c.
1	Bâtiments, cour et jardin................	»	70	56
2	Hameau de Bourg-Neuf............	»	37	80
3	Avoine............................	1	94	14
4	Seigle...........................	4	78	48
5	Prairie.......	5	95	26
6	Prairie..............................	4	41	00
7	Prairie............................	2	73	42
8	Blé...................................	18	38	87
9	Avoine.............................	3	23	62
10	Prairie..........................	8	10	50
11	Seigle............................	1	63	12
12	Avoine............................	1	37	76
	A reporter.....	53	64	53

Nos		hect.	ar.	c.
	Report.....	53	64	53
13	Avoine..............................	8	33	89
14	Avoine..............................	»	28	80
15	Avoine..............................	3	00	46
16	Prairie..............................	2	39	40
17	Blé.................................	7	56	00
18	Betteraves.........................	5	25	14
19	Prairie..............................	10	47	80
20	Prairie..............................	13	67	52
21	Blé.................................	5	84	20
22	Seigle..............................	1	82	90
23	Betteraves.........................	15	69	14
24	Blé.................................	5	15	66
25	Betteraves.........................	29	71	78
26	Blé.................................	12	51	14
27	Hameau de Cartados..............	»	13	00
	Total.....	175	51	36

2° PETIT-BOIS.

Nos		hect.	ar.	c.
1	Bâtiment, cour et jardin	»	73	96
2	Prairie	12	75	00
3	Prairie	1	85	25
4	Seigle	4	79	34
5	Blé	47	96	60
6	Seigle	3	36	95
7	Betteraves	49	93	73
8	Prairie	3	98	78
9	Prairie	13	59	65
10	Prairie	17	64	48
11	Avoine	19	94	40
	Total	176	58	14

3° LA PARMENCELLE.

Nos		hect.	ar.	c.
1	Bâtiment, cour et jardin...............	»	70	40
2	Blé...................................	29	02	50
3	Betteraves............................	32	45	36
4	Avoine................................	20	79	66
5	Betteraves............................	17	50	32
6	Blé...................................	22	23	76
7	Prairie................................	7	55	58
8	Prairie................................	41	34	72
9	Seigle.................................	11	55	64
	Total.....	183	17	94

4° LA BRICHE (proprement dite).

Nos		hect.	ar.	c.
1	Bâtiment, cour et chantier	4	14	34
2	Jardin du régisseur	»	49	56
3	Jardin et logement des ouvriers	»	30	16
4	Jardin du fermier et du garde	»	91	52
5	La choulière	»	23	00
6	Blé	20	06	73
7	Prairie	8	44	42
8	Prairie	6	24	17
9	Blé	5	26	75
10	Prairie	2	79	20
11	Prairie	19	46	36
12	Betteraves	12	46	35
13	Seigle	9	12	61
14	Prairie	13	29	89
15	Betteraves	4	54	98
16	Blé	8	71	10
17	Blé	4	32	25
18	Blé	12	38	14
19	Betteraves	33	64	80
20	Avoine	8	51	13
21	Avoine	12	72	96
	Total	188	10	42

5° LA GUÉRINERIE.

Nos		hect.	ar.	c.
1	Bâtiment, cour et jardin	»	75	00
2	Hameau des Cartes	»	28	86
3	Seigle	1	56	25
4	Prairie	17	94	70
5	Seigle	9	07	90
6	Blé	10	10	42
7	Blé	8	77	80
8	Blé	7	54	80
9	Avoine	4	36	80
10	Blé	2	11	20
11	Betteraves	30	00	16
12	Prairie	26	18	00
13	Blé	22	55	84
14	Betteraves	20	19	36
15	Avoine	15	53	60
16	Prairie	6	08	00
	Total	183	08	69

6° BEAUREGARD.

Nos.		hect.	ar.	c.
1	Bâtiment, cour et jardin	»	72	00
2	Maïs	»	92	80
3	Avoine	8	79	30
4	Betteraves	28	31	22
5	Blé	24	98	48
6	Blé	25	00	64
7	Prairie	17	40	16
8	Avoine	11	06	08
9	Prairie	14	15	88
10	Seigle	10	29	00
11	Betteraves	21	76	85
12	Prairie	17	08	89
13	Prairie	3	85	52
	Total	184	36	82

7° LA PAGERIE.

Nos		hect.	ar.	c.
1	Bâtiment, cour et jardin	»	80	00
2	Prairie artificielle	15	88	62
3	Froment	26	80	40
4	Prairie	22	52	80
5	Froment	26	06	40
6	Betteraves	28	72	02
7	Seigle	10	15	08
8	Betteraves	22	19	60
9	Avoine	21	52	32
10	Prairie artificielle	8	93	67
	Total	183	60	01

8° FRESNAY.

Nos		hect.	ar.	c.
1	Bâtiment, cour et jardin	»	79	90
2	Prairie	32	40	78
3	Betteraves	14	29	70
4	Blé	15	56	52
5	Betteraves	35	69	48
6	Blé	37	08	93
7	Prairie artificielle	18	20	90
8	Seigle	10	26	74
9	Avoine	19	97	96
	Total	184	30	91

Récapitulation.

	hect.	ar.	c.
Bourg-Neuf	175	51	36
Petit-Bois	176	58	14
La Parmencelle	183	17	94
La Briche proprement dite	188	10	42
La Guérinerie	183	08	69
Beauregard	184	36	82
La Pagerie	183	60	91
Fresnay	184	30	91
Total des fermes	1458	75	19
Maison de maître, jardin, potager, bois et prairie	25	65	09
Bois de l'Aireau	11	06	30
Colonie	»	99	76
Total général	1496	46	34

Le domaine possède en moyenne annuellement les animaux ci-après :

Chevaux, vingt à vingt-cinq.

Bœufs de travail, deux cents à deux cent-vingt.

Vaches, cinquante à soixante.

Bœufs à l'engrais, deux à trois cents.

Bêtes à laine, deux à trois mille.

Les plantes cultivées donnent les rendements moyens ci-après par hectare :

Betteraves, trente à trente-cinq mille kilogrammes.

Prairies naturelles, trois mille à trois mille cinq cents kilogrammes.

Prairies artificielles, quatre mille cinq cents à cinq mille kilogrammes.

Froment, dix-huit à vingt-cinq hectolitres.

Avoine, vingt-cinq à trente hectolitres.

Les terres arables sont soumises à un assolement triennal. Les céréales sont généralement précédées par la betterave et suivies par une prairie artificielle annuelle ou bisannuelle.

Total des plantes fourragères (prairies et betteraves), 800 hectares.

Total des céréales (blé, seigle, avoine et orge), 646 hectares.

Récapitulation par nature de culture.

Noms des fermes.	Bâtiments, cours et jardins.	Blé.	Seigle.	Betteraves.	Prairies.	Avoine et Orge.	Divers.
	hec. ar. c.	hect. ar. c.	hect. ar. c.	hect. ar. c.	hect. ar. c.	hect. ar. c.	hec. ar. c.
Bourg-Neuf................	1 21 36	49 45 87	8 24 50	50 66 06	47 74 90	18 18 67	»
Petit-Bois.................	» 73 96	47 96 60	8 16 29	49 93 73	49 83 16	19 94 40	»
La Parmencelle............	» 70 40	51 26 26	11 55 64	49 95 68	48 90 30	20 79 66	»
La Briche.................	6 08 58	50 74 97	9 12 61	50 66 13	50 24 04	21 24 09	»
La Guérinerie.............	1 03 86	51 10 06	10 64 15	50 19 52	50 20 70	19 90 40	»
Beauregard................	» 72 00	49 99 12	10 29 00	50 08 07	52 50 45	19 85 38	Maïs 02 90
La Pagerie................	» 80 00	52 86 80	10 15 08	50 91 62	47 35 09	21 52 32	»
Fresnay...................	» 79 90	52 65 45	10 26 74	49 99 18	50 61 68	19 97 96	»
Maison de maître, jardin, potager, bois et prairie........	»	»	»	»	»	»	25 65 09
Bois de l'Aireau...........	»	»	»	»	»	»	11 06 30
Colonie, succursale de Mettray.	»	»	»	»	»	»	» 99 76
Totaux.....	12 10 06	406 05 13	78 44 01	402 39 99	397 40 32	161 42 88	38 63 95

Le domaine de la Briche est peu accidenté. Il fait partie du plateau qui commence à Tours, rive droite de la Loire. Il est situé à 52 mètres environ au-dessus du niveau de la mer.

La terre de la Briche comprend les anciens bassins des étangs de Rillé, d'Hommes et de la Borde qui existaient encore il y a trente ans.

Le climat de la Briche est tempéré, et depuis l'exécution des travaux d'assainissement, l'air y est très-salubre.

L'épaisseur de la terre végétale varie de 25 à 50 centimètres ; certains endroits présentent même des épaisseurs d'humus de plus d'un mètre.

La ferme de la Briche est située à 19 kilomètres de la station de Langeais, sur le chemin de fer de Tours à Nantes.

Les récoltes sont ordinairement vendues à Château-la-Vallière ; l'écoulement des autres produits de la ferme se fait sur Saumur, Angers, Nantes, Tours, Bordeaux et Paris.

Dans les environs de la Briche, la culture n'est pas plus avancée qu'il y a vingt ans; on y cultive peu de froment, et le seigle qu'on y récolte sert de nourriture aux cultivateurs. Les fermes n'ont qu'une étendue de 30 à 40 hectares, et la durée des baux n'excède pas trois ou quatre ans.

La plus grande surface du pays est couverte

d'arbres verts qui donnent lieu à très-peu de transactions commerciales.

En 1857, époque de l'acquisition de la Briche par M. J. F. Cail, cette propriété avait 600 hectares, et, par des acquisitions successives, elle a atteint le chiffre de 1,496 hectares divisés en champs ayant de 10 à 40 hectares qui, dans un temps très-rapproché, pourront être labourés à la vapeur.

Ces grandes pièces de terre sont séparées et limitées par des routes, des chemins, des rivières et les grands fossés d'assèchement qui traversent les bassins des anciens étangs.

M. Cail exploite lui-même cette propriété ; il est représenté sur le domaine par un actif et intelligent régisseur, M. A. Pinpin, qui a sous ses ordres divers agents.

A la Briche, la culture est à la fois agricole et industrielle : elle a pour but :

1° La production des céréales.
2° La distillation de la betterave.
3° La distillation des grains.
4° L'engraissement et l'élevage des bêtes à cornes et des bêtes à laine.

Le domaine de la Briche est divisé en huit parties à peu près égales, ayant chacune 180 hectares environ. Au centre de chacune de ces divisions existe une ferme composée de plusieurs logements pour le personnel agricole; de bouveries pour 24 bœufs de travail; d'étables pour 5 vaches et de toits pour divers animaux.

La Briche proprement dite cultive l'une de ces huit parties, elle possède des magasins assez vastes pour recevoir les récoltes des sept autres parties de la propriété.

La ferme de la Briche renferme les logements du régisseur, du comptable, du fermier, du garde et de beaucoup d'ouvriers ; elle occupe une superficie de plus de 4 hectares. Une partie des bâtiments sert à l'agriculture, l'autre à l'industrie.

Les principales constructions agricoles sont :

La grange, les fosses à pulpe, les bergeries, les bouveries, le magasin à grains, les hangars et un atelier pour les charrons, forgerons, etc.

———

La *grange* a 112 mètres de longueur, 40 mètres de largeur et 10 mètres de hauteur en moyenne; elle peut donc contenir 44,800 mètres cubes de récoltes.

Trois lignes de chemins de fer la parcourent dans toute sa longueur ; une machine à vapeur adossée à la grange fait fonctionner les machines à battre montées sur rails, les ventilateurs, les coupe-racines et les hache-paille.

―――

Les *fosses à pulpe* longent la grange ; elles sont formées de deux immenses réservoirs couverts en ardoise et peuvent contenir 3,760 mètres cubes de nourriture.

Ces deux fosses sont séparées par un terre-plein ou règne un chemin de fer qui se relie, comme ceux de la grange, au réseau qui sillonne les cours de la Briche.

―――

Les *bergeries* ont plus de 200 mètres de longueur, sur 10 mètres 50 centimètres de largeur ; elles décrivent la même courbe que la rivière qui coule au pied ; elles peuvent abriter 3,000 bêtes à laine. Un chemin de fer établi tout le long de ce vaste bâtiment sert à amener la nourriture des animaux.

―――

Les *bouveries* sont au nombre de trois, sur trois lignes parallèles, séparées par des fosses à fumier; et occupent ensemble une superficie de 3,380 mètres. Elles peuvent contenir chacune 200 bœufs. Deux lignes de chemins de fer sont établies dans chaque bouverie pour distribuer la nourriture aux animaux.

A l'extrémité ouest de chaque bouverie existe une fosse à purin; les trois fosses communiquent entre elles.

Deux citernes à drèche sont établies le long des bouveries; elles ont ensemble une capacité de 32 mètres cubes.

Le *magasin à grains* a un rez-de-chaussée et trois étages, sa longueur est 44 mètres, sa largeur de 9 mètres. Chaque étage a 2 mètres 50 centimètres de hauteur. Les trois étages offrent une superficie totale de 1,188 mètres. Le rez-de-chaussée sert de magasin pour les fers et fontes à l'usage des ateliers de la ferme.

Les *hangars* construits de chaque côté du magasin à blé ont ensemble 98 mètres de longueur sur 8 mètres 70 centimètres de largeur, soit une superficie de 850 mètres, où l'on dépose des voitures, des machines et des instruments agricoles.

L'*atelier* des forgerons, des charrons, etc., a une superficie de 240 mètres ; tous les outils et les machines nécessaires à ces professions y sont installés avec soin. Un ventilateur remplace les soufflets de forge; des scies, des tours et des machines à percer et le ventilateur sont mis en mouvement par la vapeur. Dans les ateliers de la Briche, on exécute tous les travaux de forge, de charronnage et de charpente qu'exigent l'agriculture et la construction des bâtiments. Les ouvriers y sont assez nombreux pour fournir tout le matériel nécessaire dans cette grande exploitation.

Avec la betterave qui forme la base de l'assolement adopté sur le domaine de la Briche, on fabrique de l'alcool ou du sucre.

Les bâtiments occupés spécialement par la distillerie et la sucrerie sont : la distillerie proprement dite, la pièce des générateurs, le magasin à betteraves, la pièce des macérateurs, les magasins à alcool, la tonnellerie et le magasin au bois. Le moulin, le germoir et la touraille servent à la distillation des grains quand l'abondance de la récolte le permet.

La pièce de la *distillerie*, proprement dite, est un vaste bâtiment à deux étages. Le rez-de-chaussée est occupé par les cuves, les pompes et les chaudières; il y a deux appareils à distiller et deux appareils à rectifier. Les deux étages sont occupés par des bacs à divers usages et des colonnes à rectifier; là aussi se trouvent les éprouvettes de la distillation.

La pièce des *générateurs* est occupée par trois chaudières, une petite machine à alimenter, un injecteur Giffard, une machine spéciale faisant fonctionner une pompe horizontale à eau à double effet alimente l'usine; une machine d'une grande puissance qui met en mouvement des pompes, des agitateurs, les machines-outils des ateliers, le moulin, le porteur à betteraves, les chaînes à augets, le lavoir, l'épierreur, le coupe-racines, l'hélice, etc., etc.

Le *magasin à betteraves* a une superficie de 410 mètres ; il est meublé d'un porteur (1), d'un lavoir, d'un épierreur et de plusieurs chaînes à augets.

La pièce des *macérateurs* est au rez-de-chaussée. Après avoir passé par le coupe-racines, la betterave est distribuée dans les macérateurs au moyen d'une hélice horizontale.

C'est dans cette pièce que se fait le mélange des pulpes avec des fourrages coupés menu pour composer la nourriture des bestiaux. Ce mélange est chargé en wagons et conduit aux fosses dont il a été parlé, ou directement dans les bouveries.

Les vinasses qui s'écoulent des pulpes pendant

(1) Le porteur est un châssis pivotant sur des galets autour du lavoir ; il est garni d'une courroie sans fin sur laquelle on jette les betteraves répandues dans le magasin : le mouvement de la courroie conduit les betteraves au lavoir.

l'emmagasinage se rendent dans un puisard d'où un monte-jus les aspire ; puis, au moyen de la vapeur, on les foule dans un réservoir établi dans le sol sur une éminence à 400 mètres de la Briche, entre cette ferme et Petit-Bois. Autour de ce réservoir ou bassin on a pratiqué des rigoles où se répandent les engrais liquides qui fécondent une grande surface de terrain. Des tonneaux de tôle contenant 50 à 60 hectolitres sont aussi mis en usage pour répandre le purin dans les diverses parties de la propriété.

Le *moulin* a trois paires de meules mises en mouvement par la vapeur, il moud les grains employés par la distillation et ceux destinés à l'alimentation du nombreux personnel des fermes annexes.

Le *germoir* et la *touraille* servent à la distillerie des grains ; ils ont ensemble une superficie d'environ 300 mètres.

Les *magasins à alcool* sont remplis de réservoirs cylindriques de forte tôle pouvant contenir ensemble 5,400 hectolitres. En sortant des éprouvettes, l'alcool est directement conduit par des tuyaux dans les réservoirs des magasins qui communiquent entre eux par des robinets placés à la partie inférieure.

La *tonnellerie*, comme son nom l'indique, sert de magasin pour les fûts vides ; c'est là aussi que des ouvriers font les réparations nécessaires.

La tonnellerie a environ 200 mètres superficiels.

Le *magasin au bois* pour le chauffage des générateurs a 35 mètres de longueur, 20 mètres de largeur et 8 mètres de hauteur en moyenne ; il peut donc contenir 5,600 mètres cubes de sapin, le seul combustible employé à la Briche pour le chauffage des machines.

La *sucrerie* est établie au-dessus des macérateurs ; elle se fait, comme la distillerie, au moyen de la macération. L'une ou l'autre de ces deux opérations emploie cent mille kilogrammes de betteraves en vingt-quatre heures, et l'établissement est disposé de manière à produire à volonté de l'alcool ou du sucre.

Les charpentes et les planchers de la plupart des bâtiments que nous venons de décrire sont construits en fer.

La ferme de la Briche est éclairée au gaz, et pendant la distillation on ne compte pas moins de deux cents becs allumés dans la ferme.

Le réseau des chemins de fer de la ferme a un développement de 2,000 mètres environ : des changements et des croisements de voie et des plaques tournantes facilitent les transports dans toutes les directions.

Une grue à pivot fixée à l'angle du magasin à alcool sert à élever les lourds fardeaux ; son bras s'avance au-dessus de la voie ferrée, et les mêmes fardeaux, déposés sur des wagons ou plates-formes, peuvent être conduits, au moyen de la voie ferrée, sur un pont à bascule établi au pied du grand magasin à grain. Le levier de cette bascule est dans le bureau même du comptable.

Le chemin de fer figuré au plan par une ligne rouge ponctuée aura un développement de 15,000 mètres environ ; il part de la Briche et se divise en deux réseaux ; l'un au nord du domaine passe par les fermes de Petit-Bois, Bourg-Neuf et la Parmencelle ; l'autre, au midi, dessert les fermes de la Guérinerie, la Pagerie, Fresnay et Beauregard.

La machine dont on voit le dessin dans l'angle droit inférieur du plan exposé est destiné à ce service.

Le domaine de la Briche est entouré ou traversé par des routes départementales et des chemins de grande communication ayant un développement de 11,320 mètres. Les chemins macadamisés de la Briche, exécutés pour le service exclusif de cette propriété, ont une longueur de 12,640 mètres.

Les chemins projetés et en cours d'exécution auront un développement de 16,480 mètres. Si à ce parcours on joint celui des chemins de fer, soit 15,000 mètres, on aura un réseau de bonnes voies de 55,440 mètres, soit 3,696 mètres par kilomètre carré.

La rivière qui traverse la propriété de l'est à l'ouest, en passant par la Briche, fait la limite des communes d'Hommes et de Rillé. Des canaux d'assainissement ont été creusés par les soins de M. Cail, et leur développement est de 10,400 mètres ; c'est dans ces canaux, et au moyen du drainage, que se rendent les eaux qui autrefois recouvraient le sol et le rendaient improductif.

Le drainage a été exécuté sur une superficie de 600 hectares environ ; un grand nombre de regards sont disséminés sur la propriété. L'assainissement d'un hectare revient à 296 francs, soit 177,600 francs pour les 600 hectares drainés. Ce grand travail a été exécuté sous les ordres de M. Gâté, conducteur des ponts et chaussées de la ville de Tours.

Il y a à la Briche une colonie succursale de Mettray où se trouvent réunis 120 à 130 colons de douze à dix-huit ans ; ces enfants, divisés en familles et conduits par des chefs, se livrent aux travaux des champs quand les besoins de la culture l'exigent ; en d'autres temps, ils sont occupés dans la ferme, à la distillerie, au magasin à bois, à la grange, aux bouveries, au jardin, à l'entretien des chemins ; presque tous leurs travaux sont exécutés à la tâche. Un vaste local leur est affecté ; les bâtiments et le jardin ont ensemble près d'un hectare ; on en voit la figure sur le plan à l'ouest de la Briche.

Pendant les longues soirées d'hiver, les chefs de famille enseignent à ces jeunes gens la lecture, l'écriture, le calcul, le système métrique. Un gymnase est établi dans la cour de la colonie. Le dimanche, les colons sont conduits à Rillé pour entendre la messe. Ils font ce trajet accompagnés des chefs de famille et du directeur avec bannières déployées, tambours et clairons en tête.

Cette année même on construit une chapelle à la Briche.

Tous les ans, après la campagne agricole, il est fait une distribution solennelle de récompenses aux colons qui se sont distingués par leur bonne conduite et leur assiduité au travail. Quelques-uns reçoivent des montres, d'autres des petites sommes d'argent inscrites sur un livret de caisse d'épargne.

Cette fête des colons est présidée par M. le directeur de la colonie de Mettray, et les récompenses sont distribuées en présence de M. et de Madame Cail et de toutes les notabilités de la contrée, qui se font un devoir d'y assister et d'y coopérer par des dons de différentes natures qu'ils destinent à tel ou tel colon pour sa probité, sa conduite ou son travail. Des exhortations, des encouragements, des félicitations et des conseils sont adressés aux colons par le directeur, qui sait entretenir, au milieu de sa nombreuse famille, une louable émulation. Ces jeunes colons l'aiment et le vénèrent, car il possède la prévoyance et la douceur naturelles, qu'il sait allier à propos à l'autorité et à la sévérité du père famille.

Lorsque ces jeunes gens quittent la colonie, ils peuvent être avantageusement occupés dans une exploitation agricole ou dans une distillerie.

On peut donc dire qu'à la Briche, *la terre est améliorée par l'homme et l'homme par la terre.*

Paris. — Imprimerie de A. Lainé et J. Havard, rue des Saints-Pères, 19.

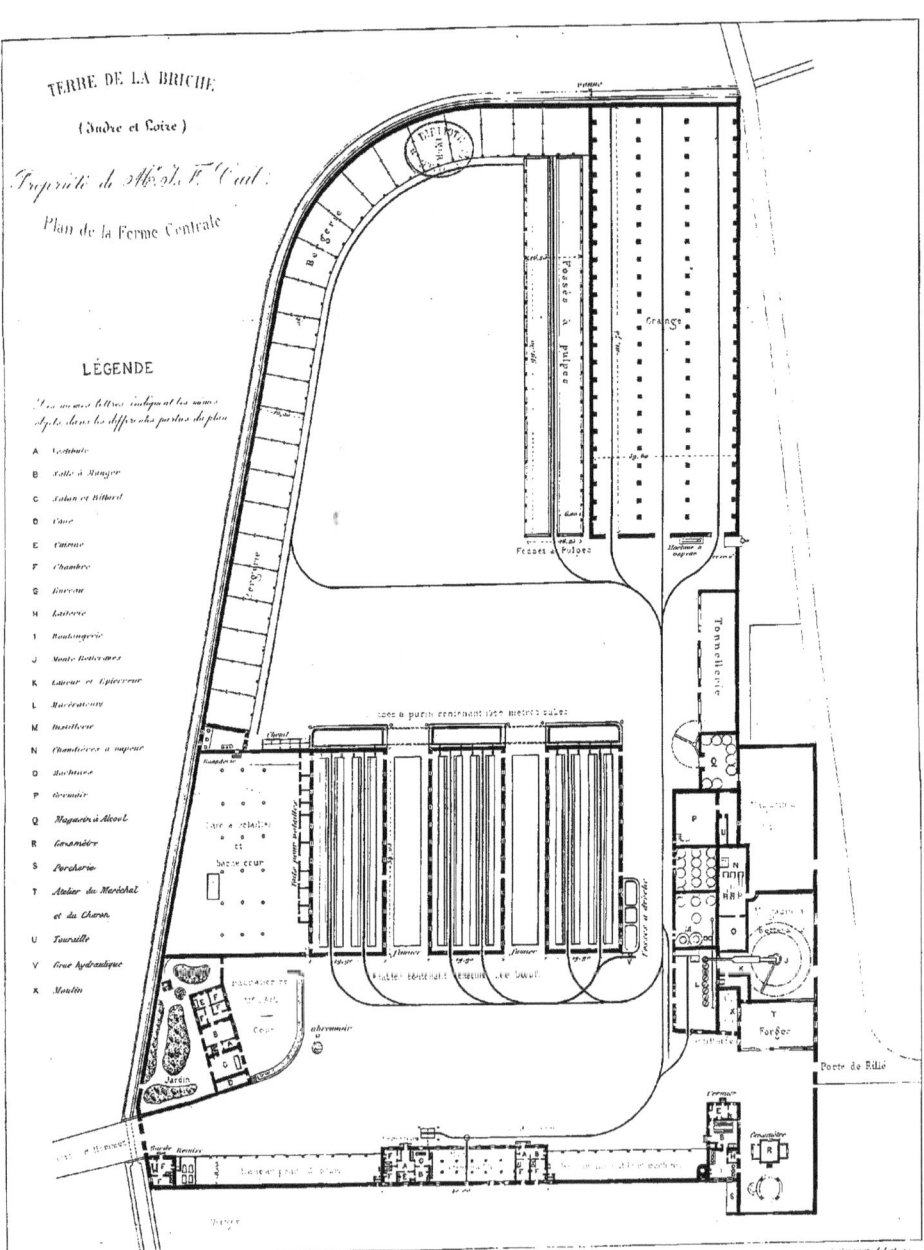

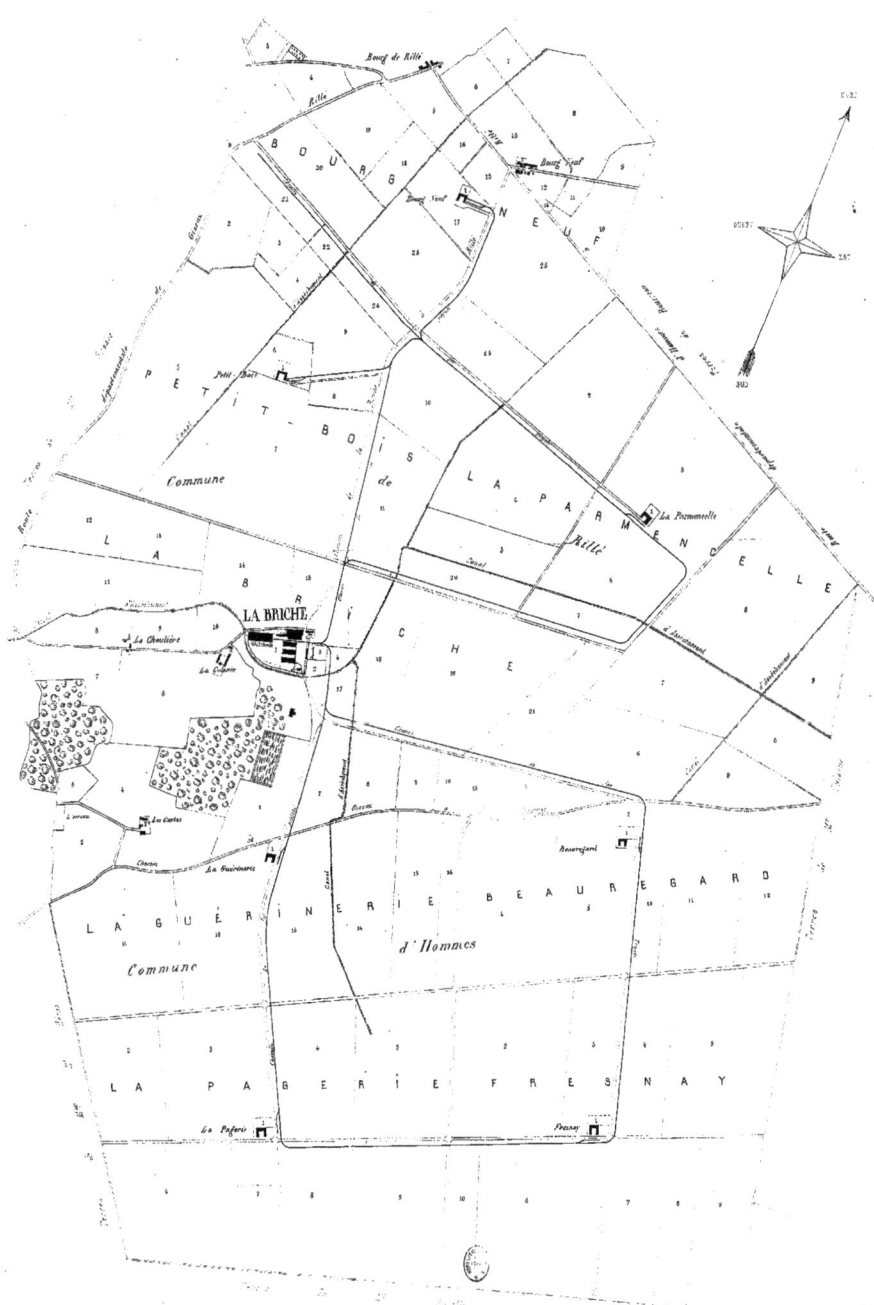

Exposition Universelle de 1867 à Paris

Domaine de la Briche appartenant à M. J.F. Cail, lauréat de la prime d'honneur du département d'Indre-et-Loire, au concours régional de 1864

Plan Général indiquant l'ensemble du domaine en 1867
Levé et dressé par B. P. Gilbert géomètre à Ruffec, Charente.

Échelle — 1/5000

www.ingramcontent.com/pod-product-compliance
Lightning Source LLC
Chambersburg PA
CBHW060903050426
42453CB00010B/1557